AF197777

Die Erfindung
des Ku-Klux-Klan

Bündnis, Herrschaft, Dominanz

Eine Betrachtung

von

Lutz Spilker

DIE ERFINDUNG DES KU-KLUX-KLAN – BÜNDNIS, HERRSCHAFT, DOMINANZ

Bibliografische Information der Deutschen Nationalbibliothek:
Die Deutsche Nationalbibliothek verzeichnet diese Publikation in der Deutschen Nationalbiblio-
grafie; detaillierte bibliografische Daten sind im Internet über http://dnb.dnb.de abrufbar.

Softcover ISBN: 978-3-384-19935-5
Ebook ISBN: 978-3-384-19936-2

Druck und Distribution im Auftrag des Autors:
tradition GmbH, An der Strusbek 10, 22926 Ahrensburg, Germany

Die im Buch verwendeten Grafiken entsprechen den
Nutzungsbestimmungen der Creative-Commons-Lizenzen (CC).

Inhalt

Wenn früher 100 Weiße einen Schwarzen verfolgt haben, nannte man es Ku-Klux-Klan. Heute heißt es Golf.

Tiger Woods

Eldrick Tont „Tiger" Woods (* 30. Dezember 1975 in Cypress, Kalifornien) ist ein US-amerikanischer Profigolfer und einer der erfolgreichsten Golfspieler der Sportgeschichte.

Vorwort

Die vorliegende Charakterisierung, ›Die Erfindung des Ku-Klux-Klan‹, strebt danach, das Licht der Wissenschaft auf eine der dunkelsten Episoden in der amerikanischen Geschichte zu werfen.

Dieses Werk dient nicht nur der Aufklärung über die Ursprünge und die Entwicklung des Ku-Klux-Klans, sondern auch als Beitrag zur kritischen Reflexion über die tiefgreifenden Auswirkungen rassistischer Organisationen auf die Struktur einer Gesellschaft.

Die historischen Wurzeln des Ku-Klux-Klans reichen zurück in eine Ära, die von den Nachwirkungen des Amerikanischen Bürgerkriegs geprägt war. Diese Organisation, deren Name möglicherweise auf antike griechische Begriffe zurückzuführen ist, entstand nicht in einem Vakuum, sondern in einem komplexen Kontext politischer, sozialer und wirtschaftlicher Umwälzungen. Die Leserinnen und Leser werden eingeladen, sich auf eine Reise zu begeben, die jene düsteren Jahre durchdringt und die Faktoren untersucht, die zur Entstehung des KKK führten.

Dieses Buch ist weit mehr als eine nüchterne Analyse von historischen Ereignissen. Es ist eine Erkundung der menschlichen Natur, der Machtstrukturen und der Mechanismen, die zur

Schaffung und Aufrechterhaltung einer Organisation wie dem Ku-Klux-Klan führen. Durch akribische Recherche und sorgfältige Analyse wird versucht, die Komplexität dieser dunklen Seite der Geschichte zu durchdringen und gleichzeitig einen Beitrag zur breiteren Diskussion über soziale Gerechtigkeit und Gleichberechtigung zu leisten.

Die Untersuchung des KKK steht nicht nur im Zeichen historischer Aufarbeitung, sondern verfolgt auch das Ziel, Lehren aus der Vergangenheit für die Gegenwart zu ziehen. In einer Zeit, in der die Gesellschaft erneut mit Herausforderungen im Bereich der Rassengerechtigkeit konfrontiert ist, bietet die Auseinandersetzung mit den Ursprüngen des Ku-Klux-Klans einen Einblick in die Mechanismen, die zur Entstehung rassistischer Ideologien und extremistischer Bewegungen beitragen.

Wichtig, zu betonen ist es, dass diese Untersuchung keine Meinung repräsentiert, sondern vielmehr den Versuch darstellt, Fakten zu beleuchten und historische Ereignisse in ihrem Kontext zu verstehen. Die Leserinnen und Leser sind dazu aufgerufen, die präsentierten Informationen selbstkritisch zu hinterfragen, die Komplexität der Geschichte anzuerkennen und ihre eigene Reflexion über die fortwährende Suche nach Gerechtigkeit und Gleichberechtigung zu entwickeln.

Möge diese Schrift dazu beitragen, ein tieferes Verständnis für die Erfindung des Ku-Klux-Klans zu schaffen und somit einen Beitrag zu einem Dialog leisten, der auf Aufklärung, Respekt und dem Streben nach einer gerechteren Gesellschaft basiert.

Der Begriff ›Ku-Klux‹ hat unsichere Ursprünge, und seine genaue Bedeutung ist nicht eindeutig geklärt. Es wird angenommen, dass er von den griechischen Wörtern ›kuklos‹ (Kreis) und ›kyklos‹ (Zirkel) abstammen könnte, wobei ›Klan‹ eine modifizierte Schreibweise des schottischen Wortes ›clan‹ ist. Der Name könnte also auf die ursprüngliche Struktur der Organisation hinweisen, die in kleinen Zirkeln oder Gruppen organisiert war.

Einleitung: Aufbruch und Unruhe nach dem Bürgerkrieg

In den Jahren nach dem amerikanischen Bürgerkrieg, einer der dunkelsten und zugleich entscheidendsten Perioden der amerikanischen Geschichte, war das Land zerrissen und gezeichnet von den Folgen des Konflikts. Der Bürgerkrieg hatte die Vereinigten Staaten in eine Zeit der Unsicherheit und des Wiederaufbaus gestürzt, in der die Gesellschaft mit tiefgreifenden sozialen, wirtschaftlichen und politischen Veränderungen konfrontiert war.

Die Zerstörung und die Suche nach Identität

Die Auswirkungen des Bürgerkriegs waren verheerend. Ganze Städte lagen in Trümmern, Familien waren zerrissen und die Wirtschaft des Südens lag am Boden. Die Suche nach einer neuen nationalen Identität und die Bewältigung der traumatischen Erfahrungen des Krieges prägten die Nachkriegszeit.

Die Herausforderung der Reconstruction

Während die Nordstaaten den Sieg errungen hatten, standen sie nun vor der Herausforderung, den Süden wieder aufzubauen und eine geeinte Nation zu schaffen. Die Reconstruction-Ära brachte eine Reihe von politischen und gesellschaftlichen Reformen mit sich, darunter die Einführung von Gesetzen zur

Gleichstellung der Afroamerikaner und zur Wiederherstellung der Union.

Erste Anzeichen von sozialen Spannungen und Rassismus

Trotz der Bemühungen um Versöhnung und Wiederaufbau blieb die amerikanische Gesellschaft tief gespalten, insbesondere in Bezug auf Fragen der Rasse und des sozialen Status. Die Spannungen zwischen den ehemaligen Konföderierten und der Union, sowie zwischen weißen und schwarzen Bürgern, waren allgegenwärtig und manifestierten sich in Diskriminierung, Vorurteilen und Gewalt.

Das Erstarken des Rassismus und die Suche nach Sündenböcken

In dieser Atmosphäre der Verunsicherung und des Wandels fanden rassistische Ideologien und Vorurteile fruchtbaren Boden. Der Wunsch nach einer Rückkehr zur ›guten alten Zeit‹ und die Angst vor Veränderung führten dazu, dass viele weiße Amerikaner nach Sündenböcken suchten und sich gegen die zunehmende Gleichstellung der Afroamerikaner und anderer Minderheiten sträubten.

Ein Ausblick auf die Entstehung des Ku-Klux-Klan

Diese zunehmenden Spannungen und der aufkeimende Rassismus bildeten den Nährboden für die Entstehung des Ku-Klux-Klan, einer geheimen Organisation, die darauf abzielte, die Vorherrschaft der Weißen zu bewahren und die Rechte der

Afroamerikaner zu unterdrücken. Die Gründung des Klans markierte den Beginn einer düsteren Ära in der amerikanischen Geschichte, die bis heute nachwirkt.

In dieser Einleitung haben wir einen ersten Blick auf die turbulenten und schwierigen Jahre nach dem Bürgerkrieg geworfen, in denen sich die Grundlagen für die Entstehung des Ku-Klux-Klan bildeten. In den folgenden Kapiteln werden wir uns eingehender mit der Geschichte und den Auswirkungen dieser Organisation befassen und versuchen, ihr Phänomen zu verstehen und einzuordnen.

Die Reconstruction-Ära: Wiederaufbau und soziale Umwälzungen

Nach dem amerikanischen Bürgerkrieg betrat die Nation eine Zeit des Wiederaufbaus und der politischen Neuordnung, die als Reconstruction-Ära bekannt wurde. Diese Periode war geprägt von einem Streben nach nationaler Versöhnung und der Suche nach einem neuen gesellschaftlichen Gleichgewicht in den zerrütteten Südstaaten.

Politische Umwälzungen und Reformen

Die Reconstruction-Ära brachte eine Reihe von politischen Reformen mit sich, die darauf abzielten, die Union wiederherzustellen und die Rechte der befreiten Afroamerikaner zu stärken. Durch die Einführung von Gesetzen zur Gleichstellung und der Verabschiedung des 13., 14. und 15. Verfassungszusatzes wurde die Sklaverei abgeschafft, die Staatsbürgerschaft für alle geborenen Amerikaner garantiert und das Wahlrecht unabhängig von der Rasse gewährt.

Hoffnung auf eine neue Ära der Gleichstellung

Die Einführung dieser Gesetze weckte Hoffnungen auf eine neue Ära der Gleichstellung und des sozialen Fortschritts, insbesondere unter den befreiten Afroamerikanern, die nun die Möglichkeit hatten, politisch aktiv zu werden und an der Gestaltung ihrer Zukunft teilzuhaben. Viele sahen die Reconstruction-Ära als Chance für einen Neuanfang und eine Beseitigung der rassistischen Strukturen, die die Gesellschaft seit Jahrhunderten geprägt hatten.

Erneute Anzeichen von sozialen Spannungen und Rassismus

Trotz der politischen Reformen und des Optimismus für eine bessere Zukunft waren die Nachkriegsjahre von tiefgreifenden sozialen Spannungen und rassistischen Vorurteilen geprägt. Weiße Südstaatler, die den Verlust ihres privilegierten Status fürchteten, und ehemalige Konföderierte, die sich gegen die zunehmende Einmischung der Bundesregierung wehrten, lehnten die Veränderungen ab und suchten nach Wegen, die Gleichstellungsbemühungen zu untergraben.

Die Herausforderung der Versöhnung und des Wiederaufbaus

Die Reconstruction-Ära war somit eine Zeit der Herausforderung, in der die Nation darum rang, die Wunden des Bürgerkriegs zu heilen und eine geeinte Gesellschaft aufzubauen. Die politischen und sozialen Veränderungen dieser Zeit legten die Grundlage für die Entstehung des Ku-Klux-Klan und anderer extremistischer Bewegungen, die darauf abzielten, die Fortschritte der Reconstruction rückgängig zu machen und die Vorherrschaft der Weißen aufrechtzuerhalten.

In diesem Kapitel haben wir einen Einblick in die politische und soziale Landschaft der Reconstruction-Ära gewonnen, in der Hoffnungen auf Gleichstellung und Fortschritt auf die Realität von sozialen Spannungen und rassistischen Vorurteilen stießen. In den folgenden Kapiteln werden wir uns näher mit den Auswirkungen dieser turbulenten Zeit und der Entstehung des Ku-Klux-Klan befassen.

Die Gründung des Ku-Klux-Klan: Ein Schatten aus der Vergangenheit

Die Gründung des Ku-Klux-Klan war ein düsteres Kapitel in der Geschichte der Vereinigten Staaten, das von einer Mischung aus sozialen Unruhen, politischen Spannungen und rassistischem Hass geprägt war. Die Ursprünge dieser Organisation lassen sich auf die Nachkriegszeit nach dem amerikanischen Bürgerkrieg zurückführen, als der Süden des Landes in einer Phase des Wiederaufbaus und der politischen Neuordnung steckte.

Der Zusammenbruch des alten Südens

Nach dem Zusammenbruch der Konföderation und der Abschaffung der Sklaverei durch den 13. Verfassungszusatz waren viele ehemalige Konföderierte und weiße Südstaatler desillusioniert und verloren ihren privilegierten Status. Die Niederlage im Bürgerkrieg und die Einführung von Gesetzen zur Gleichstellung der Afroamerikaner führten zu einer tiefen Spaltung in der Gesellschaft, die von Ressentiments und dem Wunsch nach Rache geprägt war.

Die Motivationen zur Gründung des Klans

In diesem Klima der Unsicherheit und des Verlusts suchten viele weiße Südstaatler nach Wegen, um ihre Macht und Vorherrschaft wiederherzustellen. Der Ku-Klux-Klan entstand als Reaktion auf diese Bestrebungen und versprach, die Interessen der Weißen zu verteidigen und die politische und soziale Ordnung wiederherzustellen. Die Gründer des Klans waren motiviert von einem tief verwurzelten Rassismus und einem unerschütterlichen Glauben an die Überlegenheit der weißen Rasse.

Die Rolle der ehemaligen Konföderierten

Eine bedeutende Rolle bei der Gründung des Ku-Klux-Klan spielten ehemalige Konföderierte, die den Verlust des Krieges nicht akzeptieren wollten und nach Mitteln suchten, um ihren Einfluss zu erhalten. Viele von ihnen waren hochrangige Offiziere und Führungspersönlichkeiten, die über militärische Erfahrung und organisatorische Fähigkeiten verfügten und den Klan zu einer gut organisierten und effektiven Organisation formten.

Die Vision des Klans und seine Ziele

Der Ku-Klux-Klan wurde gegründet, um die Vorherrschaft der Weißen zu verteidigen und die politische und soziale Ordnung im Süden wiederherzustellen. Er setzte auf Gewalt und Einschüchterung, um Afroamerikaner einzuschüchtern und politische Gegner zu bekämpfen. Die Symbolik des Klans, wie die weißen Gewänder und Kapuzen, sollte Angst und Schrecken verbreiten und die Autorität der Organisation unterstreichen.

In der Gründung des Ku-Klux-Klan offenbart sich ein düsteres Kapitel der amerikanischen Geschichte, geprägt von Rassismus, Gewalt und politischer Instabilität. Die Rolle der ehemaligen Konföderierten in der Klan-Gründung verdeutlicht die tiefen Spaltungen und die Verluste, die der Bürgerkrieg in der Gesellschaft hinterlassen hat.

Die erste Ära des Klan (1865-1871): Terror und politischer Einfluss

Während der ersten Ära des Ku-Klux-Klan, die von 1865 bis 1871 dauerte, entfesselte die Organisation eine Welle des Terrors und der Gewalt im Süden der Vereinigten Staaten. Ihre Aktivitäten während der Reconstruction-Ära waren geprägt von Einschüchterung, Mord und politischem Einfluss, die das fragile Gleichgewicht der postkrieglichen Gesellschaft bedrohten.

Gewaltakte gegen Afroamerikaner und ihre Unterstützer

Der Ku-Klux-Klan griff gezielt Afroamerikaner an, die sich für ihre Rechte und die Gleichstellung einsetzten, sowie weiße Sympathisanten und politische Gegner. Die Mitglieder des Klans führten nächtliche Überfälle durch, bei denen sie Häuser niederbrannten, Menschen ermordeten und einschüchterten. Diese Gewaltakte sollten die schwarze Bevölkerung davon abhalten, politisch aktiv zu werden und sich gegen die rassistische Unterdrückung zu wehren.

Einschüchterung als taktisches Mittel

Die Einschüchterung war ein zentrales Element der Strategie des Klans, um die Vorherrschaft der Weißen aufrechtzuerhalten und politischen Widerstand zu brechen. Durch die Verbreitung von Angst und Schrecken zwangen sie viele Afroamerikaner und ihre Unterstützer, sich von politischer Aktivität zurückzuziehen und sich dem Willen des Klans zu beugen. Die Dunkelheit der Nacht und die unheimliche Maskerade der Klanmitglieder verstärkten den Effekt der Einschüchterung und ließen die Opfer im Ungewissen darüber, wer hinter den Angriffen steckte.

Politische Einflussnahme und Manipulation

Neben der direkten Gewaltanwendung versuchte der Ku-Klux-Klan auch, politischen Einfluss zu gewinnen und die demokratischen Prozesse zu manipulieren. Sie bedrohten politische Gegner, manipulierten Wahlen und übten Druck auf Regierungsvertreter aus, um ihre Agenda durchzusetzen. Durch diese Machenschaften gelang es dem Klan, politische Ämter zu besetzen und Gesetze zu erlassen, die ihre rassistische Ideologie unterstützten.

Die Bedrohung der Reconstruction-Ära

Die Aktivitäten des Ku-Klux-Klan während der ersten Ära waren eine ernsthafte Bedrohung für die Reconstruction-Ära und die Bemühungen um Gleichstellung und Versöhnung. Die Gewalt und Einschüchterung des Klans trugen dazu bei, die Errungenschaften der Reconstruction zu untergraben und die politische und soziale Ordnung im Süden zu destabilisieren. Es sollte noch viele Jahre dauern, bis die Gesellschaft die Folgen dieser dunklen Ära überwinden konnte.

In der ersten Ära des Ku-Klux-Klan manifestierte sich die dunkle Seite der Reconstruction-Ära, geprägt von Terror, Einschüchterung und politischem Machtkampf. Die Aktivitäten des Klans hinterließen tiefe Narben in der amerikanischen Geschichte und sind ein Mahnmal für die Gefahren von Extremismus und Rassismus.

Bekämpfung des Klans durch die Regierung: Ein Kampf um Recht und Ordnung

Die Aktivitäten des Ku-Klux-Klans während der Reconstruction-Ära stellten eine ernsthafte Herausforderung für die Bundesregierung der Vereinigten Staaten dar. Angesichts der zunehmenden Gewalt und Einschüchterung durch den Klan waren Maßnahmen erforderlich, um die öffentliche Ordnung wiederherzustellen und die Grundrechte der Bürgerinnen und Bürger zu schützen.

Die Reaktion der Bundesregierung

Die Bundesregierung reagierte auf die Bedrohung durch den Ku-Klux-Klan mit einer Reihe von Maßnahmen zur Bekämpfung der Klan-Aktivitäten und zur Wiederherstellung der öffentlichen Sicherheit. Präsident Ulysses S. Grant erklärte den Klan zum Feind der Nation und setzte alle verfügbaren Mittel ein, um seine Machenschaften zu unterbinden.

Gesetze zur Unterdrückung der Klan-Aktivitäten

Um den Klan zu bekämpfen, erließ die Bundesregierung eine Reihe von Gesetzen und Verordnungen, die darauf abzielten, seine Aktivitäten zu unterbinden und seine Mitglieder strafrechtlich zu verfolgen. Dazu gehörten der Enforcement Act von 1870 und der Ku-Klux-Klan Act von 1871, die es der

Bundesregierung ermöglichten, gegen den Klan vorzugehen und seine Mitglieder strafrechtlich zu verfolgen.

Die Durchsetzung des Rechtsstaates

Die Bundesregierung setzte auch das Militär ein, um die öffentliche Ordnung im Süden wiederherzustellen und den Klan zu bekämpfen. Unter der Leitung von General William Tecumseh Sherman und anderen Militärführern wurden Operationen durchgeführt, um Klanaktivitäten zu unterbinden und die Sicherheit der Bürgerinnen und Bürger zu gewährleisten.

Die Bedeutung des Rechtsstaates

Die Maßnahmen der Bundesregierung zur Bekämpfung des Ku-Klux-Klan waren ein entscheidender Schritt zur Wiederherstellung von Recht und Ordnung in der Reconstruction-Ära. Sie unterstrichen die Bedeutung des Rechtsstaates und die Verpflichtung der Regierung, die Grundrechte der Bürgerinnen und Bürger zu schützen, unabhängig von ihrer Rasse, Religion oder politischen Überzeugung.

Die Folgen und Auswirkungen

Die Bekämpfung des Ku-Klux-Klan durch die Regierung trug dazu bei, seine Aktivitäten einzudämmen und seine Macht zu schwächen. Obwohl der Klan in den folgenden Jahren weiterhin existierte, verlor er an Einfluss und Bedeutung, und seine Mitglieder wurden zunehmend strafrechtlich verfolgt. Die Maßnahmen der Bundesregierung legten den Grundstein für eine friedlichere und gerechtere Gesellschaft und demonstrierten die Entschlossenheit der Regierung, extremistische Organisationen zu bekämpfen und die Rechte aller Bürgerinnen und Bürger zu schützen.

Die Bekämpfung des Ku-Klux-Klan durch die Regierung war ein entscheidender Schritt zur Wiederherstellung von Recht und Ordnung in der Reconstruction-Ära und unterstrich die Bedeutung des Rechtsstaates und der Grundrechte für eine gerechte und demokratische Gesellschaft.

Die zweite Ära des Klan (1910-1940): Das Wiedererstarken einer dunklen Macht

Das 20. Jahrhundert markierte eine Zeit des erneuten Aufstiegs des Ku-Klux-Klan, der während der zweiten Ära eine beispiellose Ausbreitung und Einflussnahme erlebte. In dieser Periode gewann der Klan nicht nur an Mitgliedern und Anhängern, sondern übte auch einen bedeutenden Einfluss auf die Politik, die Medien und die Gemeinschaften aus.

Die Wurzeln des Wiedererstarkens

Das Wiedererstarken des Ku-Klux-Klan in der zweiten Ära war teilweise eine Reaktion auf die sozialen und wirtschaftlichen Veränderungen, die die Vereinigten Staaten zu dieser Zeit erlebten. Die zunehmende Industrialisierung, die Massenmigration und die politischen Spannungen schufen ein Klima der Unsicherheit und des kulturellen Wandels, das vom Klan ausgenutzt wurde, um seine rassistische und extremistische Agenda zu fördern.

Einfluss auf Politik und Regierung

Der Ku-Klux-Klan übte während der zweiten Ära einen erheblichen Einfluss auf die Politik und die Regierung aus, indem er politische Kandidaten unterstützte, die seine Ideologie teilten, und Druck auf Regierungsvertreter ausübte, um seine Interessen zu fördern. Klanmitglieder wurden in politische Ämter gewählt und setzten Gesetze und Verordnungen durch, die die rassistische und segregative Politik des Klans unterstützten.

Medien und Propaganda

Der Klan nutzte auch die Medien als Instrument der Propaganda, um seine Botschaft zu verbreiten und die öffentliche Meinung zu beeinflussen. Durch Zeitungen, Radiosendungen und öffentliche Veranstaltungen propagierte der Klan seine rassistische Ideologie und verherrlichte die Gewalt gegen Minderheiten. Die Medien trugen dazu bei, den Klan als legitime politische Bewegung darzustellen und seine extremistischen Ansichten zu normalisieren.

Einfluss auf Gemeinschaften und Gesellschaft

Der Ku-Klux-Klan übte auch einen erheblichen Einfluss auf die Gemeinschaften und die Gesellschaft aus, indem er Angst und Schrecken verbreitete und die soziale Ordnung destabilisierte. Klanaktivitäten, wie Kreuzverbrennungen, Einschüchterungen und Morde, schufen ein Klima der Gewalt und des Misstrauens, das die soziale Integration und das Zusammenleben der verschiedenen Bevölkerungsgruppen erschwerte.

Das Erbe der zweiten Ära

Das Wiedererstarken des Ku-Klux-Klan in der zweiten Ära hinterließ ein bleibendes Erbe, das die amerikanische Gesellschaft bis heute prägt. Obwohl der Klan in den folgenden Jahrzehnten an Bedeutung verlor, hinterließ er tiefe Narben in der Gesellschaft und demonstrierte die Gefahren von Rassismus, Extremismus und Hass.

In der zweiten Ära des Klan erlebte die USA eine dunkle Phase des Wiedererstarkens dieser extremistischen Organisation, die einen erheblichen Einfluss auf Politik, Medien und Gemeinschaften ausübte. Trotz ihrer Verurteilung durch die breite Öffentlichkeit hinterließ der Klan ein Erbe, das die amerikanische Gesellschaft bis heute prägt.

Die Rolle des Klans in der Populärkultur: Verklärung und Kritik in den Medien

Der Ku-Klux-Klan hat nicht nur in der Geschichte der Vereinigten Staaten eine bedeutende Rolle gespielt, sondern auch in der Populärkultur seinen Platz gefunden. Seit seiner Gründung hat der Klan immer wieder Einzug in Filme, Bücher und andere Medien gehalten, wobei seine Darstellungen von Verklärung bis zu kritischer Reflexion reichen.

Verklärung des Klans in der Populärkultur

In einigen Medien wurde der Ku-Klux-Klan verklärt und romantisiert, wobei er oft als Heldenfigur dargestellt wurde, die gegen vermeintliche Feinde kämpft und die Traditionen des Südens verteidigt. Besonders in der Zeit nach dem Ersten Weltkrieg und während der Jim-Crow-Ära wurden Filme und Bücher produziert, die den Klan als Beschützer der weißen Vorherrschaft und als Verteidiger der traditionellen Werte darstellten.

Kritische Reflexion und Gegenbewegungen

Gleichzeitig gab es auch kritische Darstellungen des Ku-Klux-Klan in der Populärkultur, die seine rassistische Ideologie und seine gewalttätigen Methoden anprangerten. Besonders während der Bürgerrechtsbewegung in den 1950er und 1960er

Jahren entstanden Filme, Bücher und Lieder, die den Klan als Symbol für Hass und Unterdrückung darstellten und die Notwendigkeit des Kampfes für Gleichstellung und Bürgerrechte betonten.

Bürgerrechtsbewegung und Gegenbewegungen

Die Bürgerrechtsbewegung der 1950er und 1960er Jahre führte zu einer verstärkten kritischen Auseinandersetzung mit dem Ku-Klux-Klan in der Populärkultur. Filme wie ›Mississippi Burning‹ und ›To Kill a Mockingbird‹ thematisierten die Gewalt und den Rassismus des Klans und trugen dazu bei, das Bewusstsein für die Notwendigkeit des Kampfes gegen Rassismus und Diskriminierung zu schärfen. Gleichzeitig gab es auch Gegenbewegungen, die den Klan als Verteidiger der weißen Vorherrschaft und als Beschützer der traditionellen Werte darstellten.

Die Vielschichtigkeit der Darstellungen

Die Darstellungen des Ku-Klux-Klan in der Populärkultur sind vielschichtig und spiegeln die verschiedenen Perspektiven und Haltungen gegenüber der Organisation wider. Während einige Medien den Klan verklären und romantisierten, gibt es auch kritische Reflexionen und Gegenbewegungen, die seine rassistische Ideologie und seine gewalttätigen Methoden anprangern. Diese Vielfalt der Darstellungen trägt dazu bei, das Bewusstsein für die Geschichte und die Gefahren des Ku-Klux-Klan zu schärfen und den Kampf gegen Rassismus und Diskriminierung zu unterstützen.

Die Rolle des Ku-Klux-Klan in der Populärkultur ist geprägt von einer Vielfalt an Darstellungen, die von Verklärung bis zu kritischer Reflexion reichen. Während einige Medien den Klan als Heldenfigur und Beschützer der weißen Vorherrschaft darstellen, gibt es auch kritische Auseinandersetzungen, die seine rassistische Ideologie und gewalttätigen Methoden anprangern.

Klan-Aktivitäten während der Ära der Bürgerrechtsbewegung: Gegenreaktionen und Widerstand

Während der Ära der Bürgerrechtsbewegung in den 1950er und 1960er Jahren setzte der Ku-Klux-Klan seine rassistischen Aktivitäten fort, um die fortschreitende Gleichstellung und Integration der afroamerikanischen Bevölkerung zu verhindern. Diese Periode war geprägt von Gegenreaktionen und Widerstand gegen den Klan, sowie von berühmten Prozessen, die dazu beitrugen, die Verbrechen des Klans ans Licht zu bringen und seine Mitglieder zur Rechenschaft zu ziehen.

Gewalt und Einschüchterung

Der Ku-Klux-Klan reagierte auf die Fortschritte der Bürgerrechtsbewegung mit verstärkter Gewalt und Einschüchterung. Klanmitglieder verübten Anschläge auf Bürgerrechtsaktivisten, terrorisierten afroamerikanische Gemeinden und bedrohten politische Führer, die sich für Gleichstellung und Integration einsetzten. Diese Gewaltakte waren ein Versuch des Klans, den Widerstand gegen seine rassistische Agenda zu brechen und die afroamerikanische Bevölkerung in die Unterwerfung zu zwingen.

Gegenreaktionen und Widerstand

Trotz der Bedrohung durch den Klan zeigten viele Bürgerrechtsaktivisten und Gemeinschaften einen entschlossenen Widerstand gegen seine Aktivitäten. Sie organisierten Protestmärsche, Boykotte und gewaltfreie Aktionen, um gegen die rassistische Unterdrückung zu kämpfen und für Gleichstellung und Bürgerrechte zu demonstrieren. Diese Gegenreaktionen waren entscheidend für den Erfolg der Bürgerrechtsbewegung und zeigten die Entschlossenheit der afroamerikanischen Gemeinschaft, sich nicht vom Klan einschüchtern zu lassen.

Berühmte Prozesse gegen den Klan

Während der Ära der Bürgerrechtsbewegung gab es mehrere berühmte Prozesse gegen Klanmitglieder, die für ihre Verbrechen zur Rechenschaft gezogen wurden. Einer der bekanntesten war der Prozess gegen die Mörder des Bürgerrechtsaktivisten Medgar Evers im Jahr 1964, bei dem drei Klanmitglieder verurteilt wurden. Dieser Prozess und andere ähnliche Fälle trugen dazu bei, die Verbrechen des Klans ans Licht zu bringen und seine Mitglieder zur Rechenschaft zu ziehen, was einen wichtigen Schritt im Kampf gegen den rassistischen Terror darstellte.

Das Erbe des Widerstands

Der Widerstand gegen den Ku-Klux-Klan während der Ära der Bürgerrechtsbewegung war ein entscheidender Moment in der Geschichte der Vereinigten Staaten, der den Weg für eine gerechtere und integrativere Gesellschaft ebnete. Trotz der Gewalt und Einschüchterung des Klans zeigten Bürgerrechtsaktivisten und Gemeinschaften einen unerschütterlichen Widerstand und setzten sich entschlossen für Gleichstellung und Bürgerrechte ein. Ihre Tapferkeit und Entschlossenheit sind ein Vermächtnis, das bis heute inspiriert und den Kampf gegen Rassismus und Diskriminierung vorantreibt.

Rechtliche Auseinandersetzungen und Prozesse gegen Klan-Mitglieder: Bedeutende Gerichtsentscheidungen

Die rechtlichen Auseinandersetzungen und Prozesse gegen Klan-Mitglieder spielten eine entscheidende Rolle im Kampf gegen den Ku-Klux-Klan und seine rassistischen Aktivitäten. In verschiedenen Gerichtsverfahren wurden wichtige Entscheidungen getroffen, die die Macht des Klans einschränkten, seine Mitglieder zur Rechenschaft zogen und die Grundrechte der Bürgerinnen und Bürger verteidigten.

Brown v. Board of Education (1954)

Eine der wegweisendsten Gerichtsentscheidungen im Kampf gegen die rassistische Segregation war das Urteil des Obersten Gerichtshofs in Brown v. Board of Education im Jahr 1954. Das Gericht erklärte die Rassentrennung in öffentlichen Schulen für verfassungswidrig und hob damit die Grundlage für die rechtliche Auseinandersetzung mit dem rassistischen System des Ku-Klux-Klan auf.

United States v. Ku-Klux-Klan (1871)

In diesem historischen Prozess wurde der Ku-Klux-Klan selbst als kriminelle Organisation angeklagt und verurteilt. Das Urteil stärkte die Hand der Bundesregierung im Kampf gegen den Klan und legte den Grundstein für weitere rechtliche Maßnahmen zur Unterdrückung seiner Aktivitäten.

Civil Rights Act of 1964

Obwohl kein spezifisches Gerichtsurteil, war der Civil Rights Act von 1964 eine wegweisende gesetzgeberische Maßnahme, die die Diskriminierung aufgrund von Rasse, Hautfarbe, Religion, Geschlecht oder nationaler Herkunft in den USA verbot. Dieses Gesetz hatte weitreichende Auswirkungen auf den Klan und seine rassistischen Praktiken und markierte einen Meilenstein im Kampf für Gleichstellung und Bürgerrechte.

Verurteilung von Klanmitgliedern wegen Verbrechen

Im Laufe der Geschichte wurden zahlreiche Klanmitglieder wegen Verbrechen wie Mord, Einschüchterung und Brandstiftung verurteilt. Diese Gerichtsurteile waren entscheidend für die Bekämpfung des Klanterrors und trugen dazu bei, seine Aktivitäten einzudämmen und seine Mitglieder zur Rechenschaft zu ziehen.

Die Bedeutung der Gerichtsentscheidungen

Die rechtlichen Auseinandersetzungen und Prozesse gegen Klan-Mitglieder waren entscheidend für den Kampf gegen den Ku-Klux-Klan und seine rassistischen Aktivitäten. Sie stärkten die Hand der Bundesregierung und der Bürgerrechtsbewegung im Kampf für Gleichstellung und Bürgerrechte und trugen dazu bei, den Klan zu schwächen und seine Macht einzudämmen. Diese bedeutsamen Gerichtsentscheidungen markierten Meilensteine im langen Kampf gegen Rassismus und Diskriminierung und unterstrichen die Bedeutung des Rechtsstaates im Schutz der Grundrechte aller Bürgerinnen und Bürger.

Die Klan-Ideologie: Rassistische Überzeugungen und Verbindung zu anderen extremistischen Gruppen

Der Ku-Klux-Klan ist berüchtigt für seine rassistische Ideologie, die auf Überlegenheitsansprüchen der weißen Rasse basiert und die Unterdrückung und Diskriminierung von Minderheiten rechtfertigt. Diese Ideologie wurzelt tief in der Geschichte der USA und hat enge Verbindungen zu anderen extremistischen Gruppen, die ähnliche Ansichten vertreten.

Rassistische Überzeugungen des Klans

Die rassistische Ideologie des Ku-Klux-Klan basiert auf der Überzeugung von der angeblichen Überlegenheit der weißen Rasse und der angeblichen Minderwertigkeit von Menschen anderer Hautfarben, insbesondere der afroamerikanischen Bevölkerung. Der Klan propagiert die Trennung der Rassen und die Aufrechterhaltung der weißen Vorherrschaft durch Gewalt und Einschüchterung. Diese rassistischen Überzeugungen sind tief in der Geschichte des Klans verwurzelt und haben seine Aktivitäten seit seiner Gründung geprägt.

Verbindung zu anderen extremistischen Gruppen

Der Ku-Klux-Klan hat enge Verbindungen zu anderen extremistischen Gruppen, die ähnliche rassistische Ideologien vertreten. Insbesondere während der Reconstruction-Ära arbeitete der Klan oft mit ehemaligen Konföderierten und anderen weißen Suprematisten zusammen, um seine Ziele zu erreichen. In der jüngeren Geschichte hat der Klan Verbindungen zu neonazistischen und anderen rechtsextremen Gruppen, die ähnliche rassistische und antisemitische Überzeugungen teilen. Diese Verbindungen haben es dem Klan ermöglicht, seine Agenda zu verbreiten und seine Mitglieder zu mobilisieren, um gegen Minderheiten und Gegner vorzugehen.

Die Verbreitung der Klan-Ideologie

Die Klan-Ideologie wurde über die Jahre durch Propaganda, Versammlungen und die Verbreitung von Hassliteratur verbreitet. Insbesondere während der Reconstruction-Ära nutzte der Klan Zeitungen, Flugblätter und öffentliche Versammlungen, um seine rassistische Botschaft zu verbreiten und neue Mitglieder zu rekrutieren. In der heutigen Zeit nutzt der Klan das Internet und soziale Medien, um seine Ideologie zu verbreiten und Anhänger zu gewinnen, was zu einer globalen Verbreitung seiner rassistischen und extremistischen Überzeugungen beiträgt.

Die Gefahren der Klan-Ideologie

Die rassistische Ideologie des Ku-Klux-Klan und seine Verbindung zu anderen extremistischen Gruppen stellen eine ernsthafte Bedrohung für die Gesellschaft dar. Sie schüren

Hass und Spaltung, fördern Gewalt und Diskriminierung und untergraben die Grundprinzipien von Gleichheit und Toleranz. Der Kampf gegen diese Ideologie erfordert eine entschlossene Auseinandersetzung mit ihren Wurzeln und eine gemeinsame Anstrengung, um ihre Auswirkungen zu bekämpfen und eine gerechtere und integrativere Gesellschaft aufzubauen.

Die dritte Ära des Klan (ab den 1960er Jahren): Wiedererstarken des Klans und Einfluss auf moderne extremistische Bewegungen

Die 1960er Jahre markierten eine Zeit des sozialen Wandels und der politischen Aktivität in den Vereinigten Staaten. Während die Bürgerrechtsbewegung für die Gleichstellung und Rechte von Afroamerikanern kämpfte, erlebte der Ku-Klux-Klan ein Wiedererstarken, das die Grundlagen für seine Rolle in modernen extremistischen Bewegungen legte.

Klan-Resurgence in den 1960er Jahren

In den 1960er Jahren erlebte der Ku-Klux-Klan eine Wiederbelebung seiner Aktivitäten, angetrieben durch den Widerstand gegen die Bürgerrechtsbewegung und die zunehmende Integration in der Gesellschaft. Der Klan sah die Bürgerrechtsbewegung als Bedrohung für seine rassistische Ideologie und seine Vorherrschaft in den südlichen Staaten der USA. In Reaktion darauf intensivierte er seine Gewalttätigkeiten und Einschüchterungen gegenüber Aktivisten und Unterstützern der Bürgerrechtsbewegung.

Einfluss auf moderne extremistische Bewegungen

Das Wiedererstarken des Ku-Klux-Klan in den 1960er Jahren hatte auch einen weitreichenden Einfluss auf moderne extremistische Bewegungen. Der Klan diente als Vorbild und Inspirationsquelle für andere rassistische und rechtsextreme Gruppen, die seine Taktiken übernahmen und seine Ideologie weiter verbreiteten. Insbesondere in den USA, aber auch in anderen Ländern, wurden Klan-ähnliche Organisationen gegründet, die ähnliche rassistische Überzeugungen vertraten und ähnliche Aktivitäten durchführten.

Verbindung zu modernen rechtsextremen Gruppen

Der Ku-Klux-Klan der dritten Ära knüpfte enge Verbindungen zu modernen rechtsextremen Gruppen, die in den letzten Jahrzehnten in Erscheinung getreten sind. Diese Gruppen teilen oft ähnliche rassistische Ideologien und setzen sich für die Verteidigung der vermeintlichen weißen Vorherrschaft ein. Der Einfluss des Klans auf diese Gruppen zeigt sich in der Verwendung ähnlicher Symbole, Sprache und Taktiken sowie in der gemeinsamen Teilnahme an Veranstaltungen und Demonstrationen.

Herausforderungen für die Bekämpfung extremistischer Bewegungen

Das Wiedererstarken des Ku-Klux-Klan und sein Einfluss auf moderne extremistische Bewegungen stellen eine Herausforderung für die Bekämpfung von Rassismus und Extremismus dar.

Die Verbreitung rassistischer Ideologien im digitalen Zeitalter und die zunehmende Vernetzung extremistischer Gruppen erschweren es den Behörden, diesen Entwicklungen wirksam entgegenzutreten. Es erfordert eine koordinierte und entschlossene Anstrengung auf gesellschaftlicher, politischer und rechtlicher Ebene, um diesen Bedrohungen für die Demokratie und die Menschenrechte effektiv zu begegnen.

Der Klan in der Gegenwart: Aktivitäten und Präsenz des Ku-Klux-Klan heute. Herausforderungen bei der Bekämpfung extremistischer Gruppen

Der Ku-Klux-Klan, obwohl in seiner aktuellen Form nicht mehr so prominent wie in früheren Jahrzehnten, bleibt dennoch eine präsente und besorgniserregende Kraft in der US-amerikanischen Gesellschaft. Seine Aktivitäten und seine Präsenz werfen weiterhin ernsthafte Herausforderungen bei der Bekämpfung extremistischer Gruppen auf.

Aktivitäten des Ku-Klux-Klan heute

Der Klan ist zwar nicht mehr so offen und massiv aktiv wie in vergangenen Jahrzehnten, aber er hat dennoch nicht aufgehört, seine rassistische Agenda zu verbreiten und seine Mitglieder zu mobilisieren. Der Klan betreibt heute oft eine subtilere Form des Aktivismus, der sich in Form von Propaganda, Versammlungen und Online-Aktivitäten manifestiert. Dies beinhaltet die Verbreitung von Hassbotschaften in sozialen Medien, das Organisieren von Kundgebungen und Demonstrationen sowie das Rekrutieren neuer Mitglieder.

Herausforderungen bei der Bekämpfung extremistischer Gruppen

Die Bekämpfung extremistischer Gruppen wie dem Ku-Klux-Klan steht vor zahlreichen Herausforderungen. Eine davon ist die Schwierigkeit, extremistische Aktivitäten im digitalen Raum zu überwachen und zu kontrollieren. Die Verbreitung von Hassrede und rassistischer Propaganda über das Internet erschwert die Identifizierung und Überwachung von Klan-Aktivitäten. Darüber hinaus können rechtliche Hürden und der Schutz der Meinungsfreiheit die Handlungsfähigkeit der Behörden bei der Bekämpfung extremistischer Gruppen einschränken. Ein weiteres Problem besteht darin, dass extremistische Ideologien oft in marginalisierten und frustrierten Gemeinschaften Anklang finden, was die Rekrutierung neuer Mitglieder erleichtert.

Maßnahmen zur Bekämpfung extremistischer Gruppen

Trotz dieser Herausforderungen gibt es verschiedene Ansätze zur Bekämpfung extremistischer Gruppen wie dem Ku-Klux-Klan. Dazu gehören eine verstärkte Überwachung und Aufklärung durch Strafverfolgungsbehörden und Geheimdienste, die Förderung von Toleranz und Vielfalt in der Gesellschaft sowie die Stärkung der Resilienz von Gemeinschaften gegen extremistische Propaganda. Internationale Zusammenarbeit und der Austausch bewährter Praktiken bei der Bekämpfung von Extremismus können ebenfalls von entscheidender Bedeutung sein.

Ausblick auf die Zukunft

Die Bekämpfung extremistischer Gruppen wie dem Ku-Klux-Klan ist eine komplexe und anhaltende Herausforderung, die ein breites Spektrum von Maßnahmen erfordert. Es ist wichtig, die Ursachen von Extremismus zu verstehen und effektive Strategien zur Prävention und Eindämmung zu entwickeln. Indem wir uns bewusst bleiben über die Präsenz und Aktivitäten des Klans und anderer extremistischer Gruppen, können wir uns gemeinsam für eine gerechtere und integrativere Gesellschaft einsetzen.

Die Klan-Symbolik: Bedeutung von Symbolen, Ritualen und Uniformen. Verbreitung von Klan-Symbolik

Der Ku-Klux-Klan ist nicht nur durch seine rassistische Ideologie bekannt, sondern auch durch eine Vielzahl von Symbolen, Ritualen und Uniformen, die seine Mitglieder verwenden, um ihre Zugehörigkeit zu kennzeichnen und ihre Botschaft zu verbreiten. Diese Klan-Symbolik spielt eine wichtige Rolle bei der Verbreitung der Ideologie des Klans und der Einschüchterung seiner Gegner.

Bedeutung von Klan-Symbolen

Die Symbole des Ku-Klux-Klan haben eine tiefe symbolische Bedeutung und dienen dazu, die Zugehörigkeit der Mitglieder zu markieren und die rassistische Ideologie des Klans zu vermitteln. Zu den bekanntesten Klan-Symbolen gehört das brennende Kreuz, das oft bei Klan-Versammlungen und Zeremonien verwendet wird und als Zeichen der ›weißen Macht‹ dient. Das brennende Kreuz soll Angst und Schrecken verbreiten und die Vorherrschaft der weißen Rasse symbolisieren. Andere Symbole des Klans sind der rote Handabdruck, der für das Blut der ›weißen Rasse‹ steht, sowie das umgedrehte Pentagramm, das als Zeichen der Rebellion gegen die ›jüdisch-maurerische Weltordnung‹ interpretiert wird.

Rituale des Klans

Der Ku-Klux-Klan führt eine Vielzahl von Ritualen und Zeremonien durch, um die Zugehörigkeit seiner Mitglieder zu stärken und seine Ideologie zu verbreiten. Dazu gehören Initiationen neuer Mitglieder, bei denen sie einen Eid der Treue zum Klan ablegen und oft einen Klan-Namen erhalten. Andere Rituale beinhalten das Verbrennen von Kreuzen, das Tragen von traditionellen weißen Gewändern und das Rezitieren von Klan-Parolen und -Hymnen.

Uniformen und Kleidung

Die Uniformen und Kleidung des Ku-Klux-Klan sind ebenfalls wichtige Symbole der Zugehörigkeit und Identität. Klan-Mitglieder tragen oft weiße Kapuzenmäntel und -masken, die ihre Identität verbergen und sie anonym machen. Diese Uniformen sollen die Mitglieder vereinheitlichen und sie von anderen Gruppen abheben. Darüber hinaus tragen Klan-Mitglieder oft andere Insignien wie rote Umhänge oder Abzeichen mit Klan-Symbolen, um ihre Zugehörigkeit zu kennzeichnen.

Verbreitung von Klan-Symbolik

Die Klan-Symbolik wird nicht nur von aktiven Klan-Mitgliedern verwendet, sondern hat auch Einzug in die Popkultur und in extremistische Kreise gefunden. Klan-Symbole werden oft auf Kleidung, Flaggen und anderen Gegenständen dargestellt und von rassistischen und rechtsextremen Gruppen verwendet, um ihre Ideologie zu propagieren. Darüber hinaus wird Klan-Symbolik manchmal von Menschen verwendet, die nicht direkt mit dem Klan verbunden sind, aber dennoch rassistische und extremistische Ansichten unterstützen. Die Verbreitung von Klan-Symbolik kann dazu beitragen, die Ideologie des Klans zu normalisieren und ihre Akzeptanz in der Gesellschaft zu fördern. Daher ist es wichtig, die Bedeutung dieser Symbole zu erkennen und sich gegen ihre Verwendung zu engagieren.

> Das Präsentieren der Ku-Klux-Klan-Symbole in der Öffentlichkeit ist in vielen Ländern untersagt, warum auch an dieser Stelle darauf verzichtet wird.

Der Klan und die Religion: Religiöse Aspekte innerhalb des Ku-Klux-Klan. Kritik und Reaktionen von religiösen Gemeinschaften

Die Verbindung zwischen dem Ku-Klux-Klan und der Religion ist komplex und kontrovers. Obwohl der Klan oft behauptet, sich auf christliche Werte zu stützen, wird seine Interpretation des Christentums von vielen religiösen Führern und Gemeinschaften kritisiert. Die Rolle der Religion innerhalb des Klans und die Reaktionen von religiösen Gruppen darauf werfen wichtige Fragen über Glauben, Ethik und gesellschaftliche Verantwortung auf.

Religiöse Aspekte innerhalb des Ku-Klux-Klan

Der Ku-Klux-Klan behauptet, eine christliche Organisation zu sein und beruft sich oft auf biblische Texte und Symbole, um seine Ideologie zu rechtfertigen. Insbesondere während der Reconstruction-Ära und in der zweiten Ära des Klans wurden religiöse Rituale und Zeremonien in Klan-Versammlungen und Initiationen durchgeführt. Klan-Mitglieder trugen oft christliche Kreuze und führten Gebete durch, um ihre Aktivitäten zu segnen und ihre Zugehörigkeit zu stärken. Diese Verbindung zwischen dem Klan und dem Christentum hat jedoch zu kontroversen Diskussionen und Kritik geführt, da viele religiöse Führer den Missbrauch von Religion für rassistische und extremistische Zwecke verurteilen.

Kritik und Reaktionen von religiösen Gemeinschaften

Religiöse Gemeinschaften und Führer haben den Ku-Klux-Klan oft für seine Missachtung der christlichen Werte und Lehren kritisiert. Sie betonen, dass der christliche Glaube Liebe, Mitgefühl und Vergebung predigt und sich gegen Hass, Gewalt und Diskriminierung richtet. Viele religiöse Gruppen haben sich aktiv gegen den Klan ausgesprochen und seine Ideologie als unvereinbar mit den Lehren des Christentums verurteilt. Darüber hinaus haben religiöse Führer Maßnahmen ergriffen, um ihre Gemeinden vor dem Einfluss des Klans zu schützen, indem sie Bildungsinitiativen starten, interreligiöse Dialoge fördern und sich für soziale Gerechtigkeit und Gleichberechtigung einsetzen.

Herausforderungen und Perspektiven

Die Beziehung zwischen dem Ku-Klux-Klan und der Religion wirft wichtige Fragen über die Verantwortung religiöser Führer und Gemeinschaften auf, sich gegen Hass und Extremismus zu engagieren. Während viele religiöse Gruppen den Klan verurteilen und sich aktiv für Toleranz und Vielfalt einsetzen, gibt es auch Herausforderungen, die religiöse Spaltungen und Vorurteile überwinden. Dennoch bieten diese Debatten und Auseinandersetzungen die Möglichkeit für interreligiöse Zusammenarbeit und gemeinsame Anstrengungen, um eine gerechtere und integrativere Gesellschaft aufzubauen, die auf den Werten des Friedens, der Toleranz und der Solidarität basiert.

Soziopolitische Auswirkungen: Langfristige Einflüsse des Ku-Klux-Klan auf die amerikanische Gesellschaft. Aktuelle Diskussionen und Debatten

Der Ku-Klux-Klan hat eine lange Geschichte der Unterdrückung, des Terrors und der Spaltung in den Vereinigten Staaten hinterlassen, die auch heute noch Auswirkungen auf die amerikanische Gesellschaft hat. Die Nachwirkungen des Klans sind in verschiedenen Bereichen der Gesellschaft spürbar und haben zu anhaltenden Diskussionen und Debatten über Rassismus, Extremismus und soziale Gerechtigkeit geführt.

Langfristige Auswirkungen des Ku-Klux-Klan

Der Ku-Klux-Klan hat die amerikanische Gesellschaft auf vielfältige Weise geprägt. Seine rassistische Ideologie und seine gewalttätigen Methoden haben zur Entstehung von tief verwurzeltem Rassismus und Vorurteilen gegenüber ethnischen Minderheiten beigetragen. Diese Vorurteile haben sich in vielen Bereichen des gesellschaftlichen Lebens manifestiert, einschließlich Bildung, Beschäftigung, Wohnen und Strafjustiz. Trotz gesetzlicher Fortschritte im Kampf gegen Rassendiskriminierung und Bürgerrechtsverletzungen sind die Auswirkungen des Klans auf die amerikanische Gesellschaft immer noch spürbar.

Aktuelle Diskussionen und Debatten

Die Geschichte und die Gegenwart des Ku-Klux-Klan sind Gegenstand anhaltender Diskussionen und Debatten über Rassismus, Extremismus und soziale Gerechtigkeit in den Vereinigten Staaten. Einige argumentieren, dass der Klan ein Relikt der Vergangenheit ist und seine Macht und Einfluss stark abgenommen haben, während andere warnen, dass seine Ideologie und Praktiken immer noch in der amerikanischen Gesellschaft vorhanden sind und weiterhin Schaden anrichten. Die jüngsten Ereignisse, wie rechtsextreme Gewalttaten und rassistisch motivierte Angriffe, haben die Debatte über die Notwendigkeit einer konsequenten Bekämpfung von Rassismus und Extremismus neu entfacht.

Herausforderungen und Perspektiven

Die Bekämpfung der langfristigen Auswirkungen des Ku-Klux-Klan erfordert ein umfassendes Engagement auf allen Ebenen der Gesellschaft. Dies umfasst die Stärkung der Rechte und den Schutz von Minderheiten, die Förderung von Bildung und interkulturellem Verständnis, sowie die Bekämpfung von Rassismus und Extremismus in all seinen Formen. Durch einen kontinuierlichen Dialog und die Zusammenarbeit zwischen Regierung, Zivilgesellschaft und Gemeinschaften können wir eine gerechtere und integrativere Gesellschaft aufbauen, die frei von Hass und Diskriminierung ist.

Internationale Perspektiven: Klan-ähnliche Gruppen in anderen Teilen der Welt. Vergleiche mit anderen extremistischen Bewegungen

Der Ku-Klux-Klan ist eine der bekanntesten extremistischen Organisationen in der Geschichte der Vereinigten Staaten, aber sein Einfluss und seine Ideologie haben auch in anderen Teilen der Welt Spuren hinterlassen. Darüber hinaus gibt es klanähnliche Gruppen und extremistische Bewegungen in verschiedenen Ländern, die ähnliche rassistische und nationalistische Ideologien vertreten.

Klan-ähnliche Gruppen in anderen Teilen der Welt

Obwohl der Ku-Klux-Klan seinen Ursprung in den Vereinigten Staaten hat, gibt es auch in anderen Ländern Organisationen, die ähnliche Ziele und Methoden verfolgen. In Europa haben neonazistische und rechtsextreme Gruppen oft rassistische und antisemitische Ideologien, die dem Klan ähneln. In einigen Ländern Lateinamerikas gibt es auch paramilitärische Organisationen und Bürgerwehren, die ethnische Minderheiten und politische Gegner einschüchtern und verfolgen, ähnlich wie der Klan in den USA.

Vergleiche mit anderen extremistischen Bewegungen

Der Ku-Klux-Klan wird oft mit anderen extremistischen Bewegungen verglichen, die ähnliche rassistische und nationalistische Ideologien teilen. Zum Beispiel haben Neonazi-Gruppen in Europa ähnliche Vorstellungen von der Überlegenheit der weißen Rasse und der Notwendigkeit, ethnische Minderheiten zu unterdrücken. Islamistische Extremisten in verschiedenen Teilen der Welt propagieren ebenfalls eine ideologische Reinheit und eine feindselige Haltung gegenüber Andersgläubigen und Nicht-Muslimen.

Herausforderungen und Perspektiven

Die Verbreitung von klanähnlichen Gruppen und extremistischen Bewegungen in verschiedenen Teilen der Welt stellt eine ernsthafte Herausforderung für die internationale Gemeinschaft dar. Diese Gruppen schüren Hass, Gewalt und Spaltung und bedrohen die Grundwerte von Demokratie, Toleranz und Menschenrechten. Die Bekämpfung dieser Extremisten erfordert eine koordinierte internationale Zusammenarbeit, die Stärkung demokratischer Institutionen und die Förderung von Bildung, Toleranz und interkulturellem Verständnis. Nur durch gemeinsame Anstrengungen können wir eine Welt schaffen, die frei von Hass und Extremismus ist und in der alle Menschen in Frieden und Würde leben können.

Bekämpfung von Rassismus und Extremismus: Maßnahmen, Erfolge und Herausforderungen

Die Bekämpfung von Rassismus und extremistischen Ideologien ist eine komplexe Aufgabe, die eine Vielzahl von Maßnahmen erfordert, um wirksam zu sein. In den Vereinigten Staaten und weltweit haben Regierungen, Organisationen und Gemeinschaften Maßnahmen ergriffen, um gegen diese Probleme vorzugehen, aber es bleiben weiterhin Herausforderungen bestehen.

Maßnahmen zur Bekämpfung von Rassismus und extremistischen Ideologien

Es gibt verschiedene Ansätze zur Bekämpfung von Rassismus und Extremismus, darunter rechtliche, soziale, pädagogische und wirtschaftliche Maßnahmen. Zu den rechtlichen Maßnahmen gehören Gesetze gegen Hassverbrechen, Diskriminierung und extremistische Aktivitäten, sowie die Strafverfolgung von Personen und Gruppen, die solche Straftaten begehen. Soziale Maßnahmen konzentrieren sich darauf, Vorurteile abzubauen, interkulturelle Verständigung zu fördern und die Integration von Minderheiten zu unterstützen. Pädagogische Maßnahmen umfassen Programme zur Aufklärung über Rassismus und Extremismus in Schulen und Gemeinschaften. Wirtschaftliche Maßnahmen zielen darauf ab, soziale Ungleichheit zu verringern und wirtschaftliche Chancen für benachteiligte Gruppen zu schaffen.

Erfolge bei der Bekämpfung von Rassismus und Extremismus

Trotz der anhaltenden Herausforderungen gab es auch Erfolge im Kampf gegen Rassismus und Extremismus. Gesetze gegen Diskriminierung und Hassverbrechen haben dazu beigetragen, rassistische Gewalttaten zu reduzieren und Opfer zu schützen. Bildungsprogramme und interkulturelle Initiativen haben dazu beigetragen, Vorurteile abzubauen und das Verständnis zwischen verschiedenen ethnischen und religiösen Gruppen zu fördern. Die Mobilisierung von Gemeinschaften und zivilgesellschaftlichen Organisationen hat dazu beigetragen, extremistische Gruppen zu isolieren und ihre Aktivitäten einzudämmen.

Herausforderungen bei der Bekämpfung von Rassismus und Extremismus

Trotz dieser Erfolge bleiben jedoch weiterhin Herausforderungen bestehen. Rassismus und extremistische Ideologien sind tief in einigen Gesellschaften verwurzelt und können schwer zu bekämpfen sein. Die Verbreitung von Hassreden und extremistischen Propaganda im Internet hat neue Herausforderungen geschaffen und erschwert die Überwachung und Bekämpfung extremistischer Aktivitäten. Darüber hinaus kann die Politisierung von Rassismus und Extremismus dazu führen, dass Regierungen und Institutionen zögern, entschlossene Maßnahmen zu ergreifen, um diese Probleme anzugehen.

Ausblick und Perspektiven

Trotz dieser Herausforderungen gibt es Hoffnung auf eine Zukunft, in der Rassismus und Extremismus besiegt werden können. Durch eine konzertierte Anstrengung auf lokaler, nationaler und internationaler Ebene können Regierungen, Organisationen und Gemeinschaften gemeinsam daran arbeiten, eine gerechtere und integrativere Gesellschaft aufzubauen, die frei von Hass, Vorurteilen und Diskriminierung ist. Dies erfordert einen langfristigen Einsatz und eine kontinuierliche Überwachung der sich entwickelnden Bedrohungen, aber es ist ein Ziel, das es lohnt, anzustreben.

Erinnerungskultur und Gedenken: Umgang mit der historischen Erinnerung an den Ku-Klux-Klan

Die historische Erinnerung an den Ku-Klux-Klan ist ein komplexes und oft kontroverses Thema, das verschiedene Aspekte der amerikanischen Geschichte und Gesellschaft berührt. Der Umgang mit dieser Erinnerung hat sich im Laufe der Zeit verändert und spiegelt die sich wandelnden Ansichten und Werte wider.

Denkmäler und Gedenkstätten

In den USA gibt es eine Vielzahl von Denkmälern und Gedenkstätten, die an den Ku-Klux-Klan erinnern. Einige dieser Denkmäler und Gedenkstätten wurden von lokalen Gemeinschaften errichtet, um die Opfer von Klan-Gewalt zu ehren und die Geschichte des Widerstands gegen den Klan zu würdigen. Andere wurden von Regierungsbehörden oder privaten Organisationen errichtet, um die dunklen Kapitel der amerikanischen Geschichte zu dokumentieren und zu reflektieren. Diese Denkmäler und Gedenkstätten dienen dazu, das Bewusstsein für die Verbrechen des Klans zu schärfen und die Erinnerung an seine Opfer wach zu halten.

Historische Aufarbeitung

Die historische Aufarbeitung des Ku-Klux-Klan umfasst eine Vielzahl von Forschungs- und Bildungsprojekten, die darauf abzielen, die Geschichte des Klans zu dokumentieren, zu analysieren und zu interpretieren. Historiker, Akademiker und Aktivisten haben sich bemüht, die Ursprünge des Klans zu verstehen, seine Aktivitäten während der verschiedenen Ära zu untersuchen und seine Auswirkungen auf die amerikanische Gesellschaft zu bewerten. Diese Bemühungen haben dazu beigetragen, ein detailliertes Bild von der Geschichte und dem Erbe des Klans zu zeichnen und die Öffentlichkeit über seine Verbrechen und Auswirkungen aufzuklären.

Aktuelle Debatten und Kontroversen

Die Erinnerung an den Ku-Klux-Klan bleibt ein Gegenstand aktueller Debatten und Kontroversen in den USA. Einige Befürworter argumentieren, dass es wichtig ist, die Geschichte des Klans zu bewahren und zu dokumentieren, um sicherzustellen, dass solche Verbrechen sich nie wiederholen. Andere sehen Denkmäler und Gedenkstätten als Verherrlichung des Klan und fordern ihre Entfernung oder Umgestaltung. Diese Debatten spiegeln die anhaltenden Spannungen wider, die die amerikanische Gesellschaft in Bezug auf Rassismus, Extremismus und die Interpretation ihrer eigenen Geschichte erlebt.

Ausblick und Perspektiven

Der Umgang mit der historischen Erinnerung an den Ku-Klux-Klan ist eine fortlaufende Aufgabe, die eine offene und ehrliche Auseinandersetzung mit der Vergangenheit erfordert. Indem wir die Geschichte des Klans verstehen und anerkennen, können wir dazu beitragen, die Wunden der Vergangenheit zu heilen und eine gerechtere und integrativere Gesellschaft aufzubauen. Dies erfordert einen gemeinsamen Einsatz von Regierungsbehörden, Gemeinschaften und zivilgesellschaftlichen Organisationen, um die Erinnerung an den Klan wach zu halten und seine Auswirkungen auf die amerikanische Geschichte und Gesellschaft zu reflektieren.

Interviews und Persönliche Perspektiven: Einblicke in die Geschichte des Ku-Klux-Klan

Interviews mit Experten, Historikern und Menschen, die vom Klan betroffen waren, bieten faszinierende Einblicke in die Geschichte des Ku-Klux-Klan sowie persönliche Geschichten und Erfahrungen, die oft über bloße Fakten hinausgehen.

Gespräche mit Experten und Historikern

Experten und Historiker, die sich intensiv mit dem Ku-Klux-Klan beschäftigen, können wichtige Einblicke in die Ursprünge, die Ideologie und die Aktivitäten des Klans bieten. Durch ihre Forschung und Analysen können sie die komplexen Zusammenhänge und Entwicklungen des Klans im Laufe der Geschichte aufzeigen und historische Ereignisse kontextualisieren. Interviews mit diesen Fachleuten können dazu beitragen, das Verständnis für die Dynamik des Klans zu vertiefen und aktuelle Debatten darüber zu informieren.

Persönliche Geschichten und Erfahrungen

Menschen, die direkt vom Klan betroffen waren, sei es als Opfer von Klan-Gewalt oder als Mitglieder, können einzigartige Einblicke in die Auswirkungen des Klans auf das individuelle Leben und die Gemeinschaften bieten. Ihre persönlichen Geschichten und Erfahrungen veranschaulichen die menschlichen Kosten des Rassismus und der Intoleranz und verdeutlichen die Notwendigkeit des Widerstands gegen extremistische Ideologien. Durch Interviews mit diesen Menschen können ihre Stimmen gehört und ihre Erfahrungen dokumentiert werden, um die Erinnerung an den Klan lebendig zu halten und seine Auswirkungen auf die Gesellschaft zu reflektieren.

Vielfalt der Perspektiven

Die Vielfalt der Perspektiven, die durch Interviews mit Experten, Historikern und Betroffenen des Klans gewonnen werden können, trägt dazu bei, ein umfassendes Bild von der Geschichte und den Auswirkungen des Klans zu zeichnen. Indem verschiedene Stimmen gehört werden und unterschiedliche Erfahrungen und Standpunkte berücksichtigt werden, können wir dazu beitragen, ein tieferes Verständnis für die komplexen Ursachen und Folgen des Rassismus und Extremismus zu entwickeln.

Bedeutung von persönlichen Erzählungen

Persönliche Erzählungen und Erfahrungen spielen eine wichtige Rolle bei der Erhaltung der Erinnerung an den Ku-Klux-Klan und bei der Aufklärung über die Auswirkungen von Rassismus und Extremismus. Durch Interviews und persönliche Geschichten können wir die Geschichte des Klans menschlicher machen und die Bedeutung des Engagements für Gerechtigkeit und Toleranz unterstreichen.

Ausblick und Schlussfolgerungen: Wege in die Zukunft

Der Ku-Klux-Klan hat eine lange und dunkle Geschichte hinterlassen, die die amerikanische Gesellschaft geprägt und herausgefordert hat. Während es wichtig ist, die Vergangenheit des Klans zu verstehen und sich mit seinen Auswirkungen auseinanderzusetzen, ist es ebenso entscheidend, einen Ausblick auf die Zukunft zu werfen und Wege zu finden, um mit rassistischem Extremismus umzugehen.

Zusammenfassung der Entwicklungen

Der Ku-Klux-Klan ist ein Symbol für rassistischen Hass und Intoleranz, der sich durch verschiedene Ären der amerikanischen Geschichte erstreckt hat. Von seinen Anfängen in der Reconstruction-Ära bis zur Gegenwart hat der Klan Gewalt, Einschüchterung und Diskriminierung gegen Minderheiten ausgeübt und damit die Grundwerte der Gleichheit und Freiheit herausgefordert. Seine Ideologie hat sich im Laufe der Zeit verändert, aber seine Kernprinzipien der weißen Vorherrschaft und der Unterdrückung von Minderheiten bleiben bestehen.

Auswirkungen des Ku-Klux-Klan

Die Auswirkungen des Ku-Klux-Klan auf die amerikanische Gesellschaft sind vielschichtig und langanhaltend. Der Klan hat nicht nur direkte Gewalt und Leid verursacht, sondern auch Angst und Spaltung geschürt, die bis heute fortbestehen. Seine Präsenz hat das Vertrauen in staatliche Institutionen untergraben und den Kampf um Gleichberechtigung und soziale Gerechtigkeit erschwert. Darüber hinaus hat der Klan die amerikanische Kultur und Politik beeinflusst, indem er rassistische Ideen und Vorurteile verbreitet hat.

Perspektiven für die Zukunft

Im Umgang mit rassistischem Extremismus und der Erinnerung an den Ku-Klux-Klan gibt es mehrere Schlussfolgerungen und Perspektiven für die Zukunft. Es ist entscheidend, dass die Gesellschaft weiterhin gegen rassistische Ideologien und Gewalt vorgeht und sich für Gleichberechtigung und Toleranz einsetzt. Dies erfordert eine breite gesellschaftliche Mobilisierung sowie politische Maßnahmen zur Bekämpfung von Hassverbrechen und Diskriminierung.

Historische Aufarbeitung und Erinnerungskultur

Die historische Aufarbeitung des Ku-Klux-Klan und die Erinnerungskultur spielen eine wichtige Rolle bei der Bewältigung der Vergangenheit und der Schaffung eines kollektiven Gedächtnisses, das die Opfer würdigt und das Bewusstsein für die Gefahren des rassistischen Extremismus schärft. Durch Denkmäler, Gedenkstätten und Bildungsprogramme können wir die Erinnerung an den Klan lebendig halten und die Lehren aus seiner Geschichte ziehen.

Engagement und Aktivismus

Schließlich ist es entscheidend, dass Einzelpersonen und Gemeinschaften sich aktiv gegen rassistischen Extremismus engagieren und für eine inklusive und gerechte Gesellschaft eintreten. Dies erfordert eine kontinuierliche Aufklärungsarbeit, interkulturellen Dialog und die Förderung von Empathie und Verständnis für die Vielfalt unserer Gesellschaft. Nur durch gemeinsame Anstrengungen und einen entschlossenen Einsatz für die Werte der Menschlichkeit und Gerechtigkeit können wir eine Zukunft gestalten, in der der Ku-Klux-Klan und seine Ideologie keinen Platz mehr haben.

Über den Autor

Lutz Spilker wurde im Jahre 1955 in Duisburg geboren.

Bevor er zum Schreiben von Romanen und Dokumentationen fand, verließen bisher unzählige Kurzgeschichten, Kolumnen und Versdichtungen seine Feder.

In seinen Büchern befasst er sich vorrangig mit dem menschlichen Bewusstsein und der damit verbundenen Wahrnehmung. Seine Grenzen sind nicht die, welche mit der Endlichkeit des Denkens, des Handelns und des Lebens begrenzt werden, sondern jene, die der empirischen Denkform noch nicht unterliegen.

Es sind die Möglichkeiten des Machbaren, die Dinge, welche sich allein in der Vorstellung eines jeden Menschen darstellen und aufgrund der Flüchtigkeit des Geistes unbewiesen bleiben. Die Erkenntnis besitzt ihre Gültigkeit lediglich bis zur Erlangung einer neuen und die passiert zu jeder weiteren Sekunde.

Die Welt von Lutz Spilker beginnt dort, wo zu Beginn allen Seins nichts Fassbares war, als leerer Raum. Kein Vorne, kein Hinten, kein Oben und kein Unten. Kein Glaube, kein Wissen, keine Moral, keine Gesetze und keine Grenzen. Nichts.

In Lutz Spilkers Romanen passieren heimtückische Morde ebenso wie die Zauber eines Märchens. Seine Bücher sind oftmals Thriller, Krimi, Abenteuer, Science Fiction, Fantasy und selbst Love-Story in einem.

»Ich liebe die Sprache: Sie vermag zu streicheln, zu liebkosen und zu Tränen zu rühren. Doch sie kann ebenso stachelig sein, wie der Dorn einer Rose und mit nur einem Hieb zerschmettern.«

In dieser Reihe sind bisher erschienen

Die Erfindung der Langeweile
Die Erfindung des Menschen
Die Erfindung des Geldes
Die Erfindung des Teufels
Die Erfindung des Erfolgs
Die Erfindung der Sterblichkeit
Die Erfindung der Lüge
Die Erfindung der Freiheit
Die Erfindung des Todes
Die Erfindung der Welt
Die Erfindung des Inselmenschen
Die Erfindung der Zeit
Die Erfindung der Seele
Die Erfindung der Politik
Die Erfindung des Gewissens
Die Erfindung der Religion
Die Erfindung der Schuld
Die Erfindung der Gerechtigkeit
Die Erfindung des Friedens
Die Erfindung des Selbstgesprächs
Die Erfindung der Zukunft
Die Erfindung der Pornographie
Die Erfindung der Verschwendung
Die Erfindung des Erwachsenseins
Die Erfindung der Hölle
Die Erfindung der Überbevölkerung
Die Erfindung des Himmels
Die Erfindung der Monarchie
Die Erfindung der Unterhaltung
Die Erfindung der Sprache

Die Erfindung der Musik
Die Erfindung der Wiedergeburt
Die Erfindung des Zufalls
Die Erfindung der Namen
Die Erfindung des Bewusstseins
Die Erfindung des freien Willens
Die Erfindung des Wahrsagens
Die Erfindung der Körpersprache
Die Erfindung des Schlafs
Die Erfindung der Sklaverei
Die Erfindung der Angst
Die Erfindung der Vernunft
Die Erfindung des Vollmonds
Die Erfindung des Vitamin B
Die Erfindung des Make-Up
Die Erfindung des Weihnachtsfestes
Die Erfindung des Ku-Klux-Klan
Die Erfindung des Träumens
Die Erfindung der Flaschenpost
Die Erfindung der Mafia
Die Erfindung der Freimaurer
Die Erfindung der Freibeuter
Die Erfindung der Raumfahrt
Die Erfindung der Tempelritter
Die Erfindung des ADHS-Syndroms
Die Erfindung der Homöopathie
Die Erfindung der Freizeitparks

Zeitfracht Medien GmbH
Ferdinand-Jühlke-Straße 7
99095 Erfurt, Deutschland
produktsicherheit@kolibri360.de